Oliver Hoffinger Koch mit! Oliver

Oliver Hoffinger

Koch mit! Oliver

Die besten Rezepte – genial einfach, einfach genial

Brandstätter

GENUSS
EP:

Inhalt

„Warum macht man eine Kochsendung?“ ist eine der Fragen, die als erste gestellt werden, wenn ich jemanden kennen lerne. Meine Antwort ist sehr klar: Ich möchte meinen ZuseherInnen die Freude am Kochen näherbringen. „Kochst du auch zuhause?“, ist meist eine der nächsten Fragen. Antwort: „Ja, so gut wie jeden Tag.“ „Sicher Filet, Trüffel und ganz komplizierte Sachen …“. Nein, im Gegenteil. Ich koche die Gerichte, die man in meiner Sendung sieht. Also genau das, was Sie nachkochen können, wenn Sie diesem Buch folgen.
Das ist auch mein großes Anliegen an Sie: Benutzen Sie dieses Buch. Nehmen Sie es mit in die Küche! Kochen Sie direkt aus dem Buch, probieren Sie neue Dinge aus, experimentieren Sie! Und übrigens: Flecken machen ein Kochbuch erst richtig sympathisch.

Was macht dieses Buch aus? Vor allem die einfache Nachkochbarkeit. Die Lebensmittel, die ich für meine Rezepte verwende, sind so gut wie überall erhältlich. Ich halte auch nichts von Gewürzen, die man nur einmal im Jahr braucht. Und nicht jeden Tag hat man die Lust und schon gar nicht die Zeit, sich drei Stunden oder länger in die Küche zu stellen.
Es ist mir ein Anliegen, Sie dazu zu bewegen, so oft wie möglich für sich und Ihre Lieben zu kochen. Das möchte ich Ihnen durch einfache Zubereitungsweisen, kurze Garzeiten und überschaubare Zutatenlisten erleichtern. Die meisten Rezepte benötigen unter einer, nicht wenige auch unter einer halben Stunde – sie sind perfekt für jeden Tag und jede Gelegenheit. Und wenn Sie es einmal so richtig krachen lassen wollen in der Küche, dann kochen Sie vier Gänge aus diesem Buch. Menüs sind etwas Großartiges!

Kochen macht Spaß! Es bestimmt mein Leben und wird es immer tun. Seit Kurzem unterrichte ich auch in einer Schule. Es ist ein wunderbares Gefühl, Jugendliche dazu zu bewegen, Essen und seine Herkunft zu hinterfragen und für sich und ihre Familien zu kochen. Meine Schülerinnen lassen mich beruhigt in die Zukunft blicken.
Wenn Sie gerade erst mit dem Kochen beginnen, dann gehen Sie es langsam an und steigern sich Schritt für Schritt. Auch bei mir läuft manchmal etwas schief … Wenn Sie schon etwas geübter sind, nutzen Sie die Anregungen, die Ihnen dieses Buch bietet, und lassen Sie Ihrer Kreativität freien Lauf.
Ich hoffe, dass mein Buch Ihnen Kochen näher bringt. Lassen Sie sich anstecken vom Küchenfieber! Ich wünsche Ihnen viel Erfolg und Freude beim Umsetzen meiner Ideen.

ca. 15 Minuten
ca. 8 Euro

Zutaten für 2 Personen

150 g Garnelen
1 Chilischote
1 unbehandelte Limette
50 g Brombeeren
1 geputzter, zerteilter Friséesalat
Chilischoten zum Garnieren

Fruchtiger Brombeeren-Garnelen-Salat

Zubereitung

1. Garnelen waschen und anbraten.
2. Chilischote hacken und zu den Garnelen geben. Kurz mitbraten.
3. Limette halbieren, Saft zu den Garnelen pressen.
   Ausgepresste Limetten-Hälften mit in die Pfanne geben. Durchschwenken.
4. Brombeeren und Salat dazugeben und gut vermischen.
5. Anrichten und mit Chilies garnieren.

ca. 15 Minuten
ca. 10 Euro

Zutaten für 2 Personen

200 g Rinderfilet
Salz
Pfeffer aus der Mühle
2 EL Olivenöl
2 EL Balsamico-Essig
50 g Parmesan
150 g Crème fraîche
6 Cocktailtomaten
1 Handvoll Rucola

Rinds-Carpaccio mit Parmesan-Creme

Zubereitung

1. Rinderfilet in dünne Scheiben schneiden, zwischen Frischhaltefolie legen und flach klopfen.
2. Teller mit Salz und Pfeffer bestreuen.
3. Rinderfilet darauf legen, salzen und pfeffern.
4. Mit Öl und Essig marinieren.
5. Parmesan reiben, mit Crème fraîche verrühren und über das Carpaccio verteilen.
6. Mit Tomaten und Rucola garnieren.

ca. 20 Minuten
ca. 6 Euro

Zutaten für 2 Personen

1 Fenchel
Olivenöl zum Braten
Salz
Pfeffer
1 unbehandelte Zitrone
1 unbehandelte Orange
2 EL Dill
300 g Lachsfilet
10 g Rucola
Orangenscheiben zum Garnieren

Lachsröllchen mit Orangen-Fenchel

Zubereitung

1. Fenchel fein schneiden und in einer Pfanne mit Olivenöl anbraten.
2. Mit Salz und Pfeffer würzen.
3. Zitronen- und Orangenschale in Zesten schneiden und dazugeben.
4. Orange und Zitrone auspressen, Saft ebenfalls zum Fenchel geben.
5. Dill fein hacken und unterrühren.
6. Lachs dünn aufschneiden und mit Orangen-Fenchel füllen.
7. Zu kleinen Röllchen formen.
8. Mit Rucola und Orangenscheiben dekorieren.

ca. 15 Minuten
ca. 8 Euro

Zutaten für 2 Personen

150 g Eierschwammerl (Pfifferlinge)
Olivenöl zum Anbraten
70 g Paprikawurst
1 rote Zwiebel
20 g Tarhonya
¼ l Gemüsefond
¼ l Weißwein
1 EL Butter
Salz bei Bedarf
Pfeffer bei Bedarf
1 Handvoll Rucola

Eierschwammerl mit Paprikawurst und Tarhonya

Zubereitung

1. Eierschwammerl waschen und putzen und in einer Pfanne mit Olivenöl anbraten.
2. Paprikawurst klein schneiden. Zwiebel schälen und klein schneiden, mit der Wurst zu den Schwammerln geben und gut durchschwenken.
3. Während die Schwammerl braten, Tarhonya in einem Topf kurz anschwitzen und mit ¼ l Gemüsefond aufgießen. Weich kochen.
4. Schwammerl mit Weißwein ablöschen, Butter dazugeben und evtl. mit Salz und Pfeffer würzen.
5. Tarhonya und Rucola untermischen und heiß servieren.

ca. 10 Minuten
ca. 10 Euro

Zutaten für 4 Personen

1 Baguette
1 Knoblauchzehe
Olivenöl zum Anrösten
1 rote Zwiebel
50 g Basilikum
4 Steinpilze
Salz
Pfeffer
4 Tomaten
Balsamico-Essig
50 g Parmesan

Basilikum-Brot-Salat

Zubereitung

1. Brot in kleine Würfel schneiden und mit der Knoblauchzehe in einer Pfanne mit Olivenöl anrösten.
2. Zwiebel schälen, in feine Streifen scheiden, mitrösten.
3. Basilikum abrebeln, Stiele mitrösten.
4. Geputzte Steinpilze klein schneiden und kurz anrösten, salzen und pfeffern.
5. Unter das geröstete Brot mischen.
6. Tomaten in Scheiben schneiden und dazugeben.
7. Mit Balsamico abschmecken.
8. Basilikumblätter unterheben, mit geriebenem Parmesan anrichten.

ca. 30 Minuten
ca. 9 Euro

Zutaten für 2 Personen

5 EL Rosenpfeffer
3 Zitronen
Salz
2 Hühnerbrüste
1 Tomate
Pfeffer
etwas Olivenöl
1 Frühlingszwiebel
1 Lollo Rosso

Pochierte Hühnerbrust auf buntem Sommersalat

Zubereitung

1. Rosenpfeffer in ¼ l Wasser zum Kochen bringen.
2. Saft von 2 Zitronen hineinpressen.
3. Fond reichlich salzen.
4. Hühnerfleisch in den Fond geben und 20 Minuten pochieren.
5. Tomate in Scheiben schneiden und in eine Schüssel geben.
6. Etwas Fond darüber gießen, Salz, Pfeffer und Olivenöl hinzufügen.
7. Frühlingszwiebel klein schneiden und dazugeben.
8. Salat waschen und darüber zupfen.
9. Huhn schneiden und auf dem Salat anrichten.
10. Mit Zitronenscheiben garnieren.

ca. 15 Minuten
ca. 6 Euro

Zutaten für 2 Personen
100 g Bandnudeln
2 Frühlingszwiebeln
2 Zitronen
50 g Gambaretti
Salz
Pfeffer
400 g Wassermelone
Zitronenschnitze zum Garnieren

Limonennudeln auf Wassermelone mit Gambaretti

Zubereitung

1. Nudeln in reichlich Wasser 10 Minuten kochen.
2. In der Zwischenzeit Frühlingszwiebeln in Streifen schneiden und anbraten.
3. Nudeln in kaltem Wasser abschrecken.
4. Zitronen über den Nudeln auspressen.
5. Gambaretti zu den Zwiebeln geben. Salzen, pfeffern und alles gut durchschwenken.
6. Nudeln untermischen.
7. Wassermelone in Stücke schneiden. Den Nudelsalat darauf anrichten, mit Zitrone dekorieren.

ca. 20 Minuten
ca. 7 Euro

Zutaten für 2 Personen

1 Bataviasalat
1 Kohlrabi
1 EL Senf
2 EL Weißweinessig
Salz
Pfeffer
4 kleine Essiggurken
100 g Ziegenfrischkäse
6 Weißbrotscheiben
Petersilie zum Anrichten

Kohlrabi-Salat mit Ziegenfrischkäse-Crostini

Zubereitung

1. Salat waschen und putzen.
2. Kohlrabi schälen und mit einem Gemüsehobel zum Salat raspeln.
3. Senf mit Essig, Salz und Pfeffer zu einem Dressing rühren.
4. Unter den Salat mischen.
5. Gurken hacken und unter den Ziegenkäse mischen.
6. Weißbrot länglich schneiden und mit dem Ziegenkäse bestreichen.
7. Brot bei 180 °C ca. 10 Minuten im Ofen backen.
8. Salat mit Brot und Petersilie anrichten.

ca. 10 Minuten
ca. 6 Euro

Zutaten für 6–8 Personen

1 Rolle Blätterteig
1 Bund frisches Basilikum
Schuss Olivenöl
Salz
Pfeffer
6 Rispentomaten
200 g Schafskäse
100 g Topfen (Quark)

Tomaten-Tarte mit Basilikum und Schafskäsenockerln

Zubereitung

1. Blätterteig mit einer Suppentasse ausstechen. Auf ein Backblech mit Backpapier legen und mit einer Gabel kleine Löcher einstechen.
2. Bei 220 °C 2 Minuten vorbacken.
3. Etwas Basilikum für die Dekoration zur Seite legen. Rest fein hacken und in eine Schüssel geben.
4. Mit einem Schuss Olivenöl verfeinern und mit Salz und Pfeffer würzen. Gut verrühren.
5. Auf dem vorgebackenen Blätterteig reichlich verteilen.
6. Tomaten in dickere Scheiben schneiden und diese dachschindelartig auf dem belegten Blätterteig verteilen.
7. Mit Salz und Pfeffer würzen und nochmals ca. 10 Minuten bei 220 °C im Ofen backen.
8. In der Schüssel, in der das Basilikum angerichtet wurde, den Schafskäse zerbröseln und den Topfen dazugeben.
9. Salzen, pfeffern und gut vermischen.
10. Aus der Schafskäse-Topfen-Masse Nockerln formen und mit der Tarte anrichten. Mit frischem Basilikum garnieren und genießen!

ca. 20 Minuten

ca. 4 Euro

Zutaten für 2 Personen

1 rote Zwiebel
1 Avocado
1/16 l Essig
Salz
2 Eier
Olivenöl zum Anrösten
Pfeffer
100 g küchenfertiger Blattspinat

Spinat-Avocado-Salat mit pochiertem Ei

Zubereitung

1. Zwiebel schälen und in Scheiben schneiden. Avocado schälen, entkernen und klein schneiden.
2. ½ l Wasser mit Essig und Salz aufkochen.
3. Eier nacheinander in einen Schöpfer (kleine Suppenkelle) schlagen und dann einzeln vorsichtig in das wallende Wasser gleiten lassen. 4 Minuten pochieren.
4. In der Zwischenzeit Zwiebel in Olivenöl anrösten.
5. Mit Salz und Pfeffer würzen. Etwas Fond vom Eierpochieren dazugeben.
6. Avocado untermengen.
7. Spinat kurz untermischen. Mit den Eiern servieren.

ca. 15 Minuten
ca. 4 Euro

Zutaten für 2 Personen

4 Petersilienwurzeln
1 weiße Zwiebel
Olivenöl zum Anbraten
⅛ l Weißwein
Suppenpulver nach Geschmack
⅛ l Obers (Sahne)
10 Kartoffelchips
2 EL Parmesan
4 EL gehackte Petersilie
Petersilie zum Garnieren

Petersilienschaumsuppe mit Chips und Thymian

Zubereitung

1. Petersilienwurzel schälen und in kleine Stücke schneiden.
2. Zwiebel schälen, in kleine Stücke schneiden und mit den Wurzeln in einem Topf mit Olivenöl anbraten.
3. Mit Weißwein ablöschen, Wasser dazugeben, mit Suppenpulver würzen und mit Obers verfeinern.
4. Chips zerstoßen, Parmesan reiben. Beides mischen und auf ein Backblech mit Backpapier streuen.
5. Im vorgeheizten Ofen bei 220 °C ca. 10 Minuten backen.
6. Petersilie zur Suppe geben, Suppe aufmixen und in Teller gießen.
7. Mit Petersilie garnieren und mit Chips servieren.

ca. 30 Minuten
ca. 3 Euro

Zutaten für 2 Personen

1 weiße Zwiebel
Olivenöl zum Anschwitzen
1 Bund Bärlauch
⅛ l Weißwein
50 g Parmesan
½ Baguette
½ Zitrone
3 EL Butter

Bärlauchschaumsuppe mit Parmesan-Croûtons

Zubereitung

1. Zwiebel fein schneiden und in einem Topf mit Olivenöl anschwitzen.
2. Bärlauchblätter und -Stiele trennen. Stiele zur Zwiebel in den Topf geben.
3. Mit Weißwein ablöschen, ½ l Wasser dazugeben und mindestens 15 Minuten köcheln lassen.
4. Parmesan reiben. Baguette in Scheiben schneiden und mit Parmesan bestreuen.
5. Auf ein Backblech geben und im Ofen bei 200 °C 5 Minuten backen. Dann aus dem Ofen nehmen.
6. Bärlauchblätter fein hacken und in die Suppe geben.
7. Suppe salzen, pfeffern und mit etwas Zitronensaft und Butter verfeinern.
8. Suppe mit einem Pürierstab aufmixen, in einem Suppenteller anrichten, Croûtons dazu servieren.

ca. 25 Minuten

ca. 8 Euro

Zutaten für 2 Personen

8 EL Polenta (Maisgrieß)
6 Garnelen
Suppenpulver nach Geschmack
⅛ l Obers (Sahne)
1 Stück Zitronengras
Olivenöl zum Anrösten
8 Cocktailtomaten
1 EL Petersilie

Polentasuppe mit geräucherten Garnelen

Zubereitung

1. 2 EL Polenta ohne Fett in einer Pfanne anrösten, dabei einen Teller darauf legen. Garnelen auf den Teller geben, Pfanne mit einem Deckel schließen und Garnelen 5 Minuten räuchern.
2. In der Zwischenzeit restliche Polenta in einem Topf anrösten, mit ¼ l Wasser ablöschen, mit Suppenpulver würzen und mit Obers verfeinern.
3. Suppe aufkochen.
4. Zitronengras in einer Pfanne mit Olivenöl anrösten.
5. Die klein geschnittenen Tomaten dazugeben und mit den Garnelen durchschwenken.
6. Suppe anrichten, Garnelen und halbierte Tomaten dazugeben und mit Petersilie garnieren.

Tipp

Am besten eine gusseiserne Pfanne für das Räuchern der Garnelen verwenden.

ca. 30 Minuten
ca. 6 Euro

Zutaten für 2 Personen

1 Frühlingszwiebel
Olivenöl zum Braten
1 roter Paprika
1 EL Paprikapulver
⅛ l Weißwein
1⁄16 l Obers (Sahne)
250 g Zanderfilet
Salz
Pfeffer
1 Limette
1 Bund frischer Majoran
1 EL Butter

Paprikasuppe mit Majoran-Zander

Zubereitung

1. Frühlingszwiebel-Weiß fein schneiden und in Olivenöl anschwitzen (die grünen Teile werden später gebraucht).
2. Paprika in grobe Stücke schneiden und in den Topf zur Frühlingszwiebel geben. Paprikapulver hineinstreuen und Topf vom Herd nehmen.
3. Mit Weißwein ablöschen, ½ l Wasser dazugeben und zurück auf den Herd stellen.
4. Mit Obers verfeinern und mindestens 5 Minuten köcheln lassen.
5. Zanderfilet mit Salz, Pfeffer und etwas Limettensaft würzen. Auf der Hautseite 5 Minuten in Olivenöl braten. Den Großteil der Majoranblätter darüber zupfen.
6. Frühlingszwiebel-Grün in längliche Streifen schneiden.
7. Suppe mit Salz, Pfeffer und etwas Limettensaft würzen.
8. In Suppenteller gießen. Frühlingszwiebelstreifen hineingeben, Fisch darüber, dann wieder etwas Frühlingszwiebelstreifen und zum Schluss mit etwas Majoran dekorieren.

ca. 25 Minuten
ca. 4 Euro

Zutaten für 2 Personen

½ Knollensellerie
Olivenöl zum Anbraten
1 weiße Zwiebel
⅛ l Weißwein
½ Zitrone
Salz
Pfeffer
⅛ l Obers (Sahne)
1 EL Butter
2 EL Haselnüsse
1 Stange Stangensellerie
frische Petersilie zum Dekorieren

Sellerieschaumsuppe mit gebratenen Haselnüssen

Zubereitung

1. Knollensellerie schälen, klein schneiden und in Olivenöl anbraten.
2. Zwiebel ebenfalls klein schneiden. Zum Sellerie geben und ca. 5 Minuten braten.
3. Mit Weißwein ablöschen und ¼ l Wasser aufgießen.
4. Mit Zitronensaft, Salz und Pfeffer würzen. Obers hinzufügen und die Suppe auf kleiner Flamme fertig kochen.
5. In einem Topf die Hälfte der Butter braun werden lassen und die gehackten Haselnüsse mit der inneren dünnen Schale hinzugeben.
6. Stangensellerie ebenfalls klein schneiden und in der Haselnussbutter anschwitzen.
7. Suppe mit einem Pürierstab aufmixen und anschließend mit dem Rest der Butter schaumig rühren.
8. Mit der Sellerie-Haselnuss-Butter in einem Suppenteller anrichten und mit frischer Petersilie garnieren.

ca. 25 Minuten
ca. 4 Euro

Zutaten für 2 Personen

200 g Kartoffeln
1 Zwiebel
Olivenöl zum Anrösten
⅛ l Obers (Sahne)
Salz
Pfeffer
Schuss Essig
2 Eier
2 TL Trüffelöl
frische Petersilie

Kartoffelsuppe mit Trüffelei

Zubereitung

1. Kartoffeln schälen und in kleine Würfel schneiden. Zwiebel klein schneiden und beides in Olivenöl goldbraun anrösten.
2. Mit ¼ l Wasser ablöschen und Obers dazugeben. Umrühren und 2 Minuten köcheln lassen.
3. Mit Salz und Pfeffer abschmecken, anschließend 5 Minuten neben der Herdplatte ziehen lassen.
4. Währenddessen Wasser in einer Pfanne leicht kochen lassen und Essig dazugeben. Salzen und Eier hineinschlagen.
5. Mit einem Esslöffel ständig mit dem kochenden Wasser übergießen, bis die Dotter fest sind.
6. Mit einer Injektionsspritze Trüffelöl aufziehen und in die Dotter injizieren.
7. Suppe mit einem Pürierstab mixen und in Suppentellern anrichten.
8. Eier dazugeben und mit frischer Petersilie garnieren.

ca. 10 Minuten
ca. 5 Euro

Zutaten für 2 Personen

300 g Honigmelone
¼ l Weißwein
4 cl süßer Cherry
8 Scheiben Rinderrohschinken
2 EL Nüsse
Salz
Pfeffer
1 EL Chilifäden

Kalte Melonensuppe mit Rinderrohschinken und Chilifäden

Zubereitung

1. Melone entkernen und von der Schale befreien. In kleine Stücke schneiden und in ein Gefäß geben.
2. Wein mit Sherry aufkochen, zur Melone geben und mit etwas Wasser aufmixen.
3. Rinderrohschinken im Ofen bei 180 °C 10 Minuten knusprig braten.
4. Nüsse in einer Pfanne knusprig braten.
5. Suppe mit Salz und Pfeffer würzen.
6. Suppe in gekühlte Gläser geben und mit Rinderrohschinken, Nüssen und Chilifäden dekorieren.

ca. 20 Minuten
ca. 6 Euro

Zutaten für 2 Personen

1 Bund Frühlingszwiebeln
20 g Ingwer
Olivenöl zum Anbraten und für die Erdbeeren
⅛ l Weißwein
¼ l Gemüsefond
¼ l Obers (Sahne)
Salz
Pfeffer
50 g Erdbeeren
1 EL Rosa Pfeffer
1 EL Kresse

Frühlingszwiebelschaum-suppe mit Ingwer und Pfeffer-Erdbeeren

Zubereitung

1. Zwiebeln und Ingwer fein schneiden und in einem Topf mit Olivenöl anbraten.
2. Mit Weißwein ablöschen, mit Gemüsefond und Obers aufgießen, 5 Minuten kochen lassen.
3. Mit Salz und Pfeffer würzen und aufmixen.
4. In der Zwischenzeit Erdbeeren putzen und klein schneiden.
5. Rosa Pfeffer zerstoßen.
6. Erdbeeren mit etwas Olivenöl, zerstoßenem Rosa Pfeffer und Kresse vermischen, evtl. salzen.
7. Suppe mit den Beeren servieren.

ca. 15 Minuten
ca. 7 Euro

Zutaten für 2 Personen

100 g Sellerie
2 Frühlingszwiebeln
Olivenöl zum Anbraten
¼ l Weißwein
¼ l Obers (Sahne)
Suppenpulver nach Geschmack
50 g Kürbiskerne
100 g Speck
50 g Vogerlsalat (Rapunzel)
1 EL Butter

Vogerlsalatschaumsuppe mit Kürbiskern-Speck-Pesto

Zubereitung

1. Sellerie schälen und klein schneiden, Zwiebeln klein schneiden und beides in einem Topf mit Olivenöl anbraten.
2. Mit Weißwein ablöschen, etwas Wasser, Obers und Suppenpulver hinzufügen und 5 Minuten kochen lassen.
3. Kürbiskerne hacken und mit dem klein geschnittenen Speck anrösten.
4. Einige Blätter Vogerlsalat für die Garnitur zur Seite geben.
5. Suppe mit restlichem Vogerlsalat und Butter aufmixen, mit Vogerlsalat-Blättern garnieren und mit Pesto servieren.

ca. 10 Minuten
ca. 5 Euro

Zutaten für 2 Personen

250 g Champignons
Olivenöl zum Anbraten
20 g Ingwer
¼ l Weißwein
¼ l Obers (Sahne)
Salz
Pfeffer
2 Scheiben hartes Schwarzbrot
Rucola zum Garnieren

Champignoncremesuppe mit Altbrot-Croûtons

Zubereitung

1. Champignons waschen, putzen, klein schneiden und in heißem Olivenöl anbraten.
2. Ingwer ungeschält feinwürfelig schneiden und mitbraten. Mit Weißwein ablöschen, Obers dazugeben.
3. Mit Salz und Pfeffer würzen und aufmixen.
4. Brot würfelig schneiden. In Olivenöl knusprig anrösten.
5. Suppe mit den Croûtons und Rucola garnieren.

ca. 25 Minuten
ca. 10 Euro

Zutaten für 2 Personen

300 g Eierschwammerl (Pfifferlinge)
Olivenöl zum Anbraten
1 roter Spitzpaprika
2 Frühlingszwiebeln
Salz
Pfeffer
½ Zitrone
400 g Lachsforellenfilets
2 EL Butter
1 Rosmarinzweig

Gebratene Rosmarin-Lachsforelle mit Eierschwammerln

Zubereitung

1. Eierschwammerl putzen (in einer Schüssel mit etwas Mehl und viel kaltem Wasser).
2. In einer Pfanne mit Olivenöl anbraten. Spitzpaprika und Frühlingszwiebeln klein schneiden und dazugeben.
3. Mit Salz, Pfeffer und Zitronensaft würzen, dann zur Seite stellen.
4. Lachsforellenfilets in einer Mischung aus Olivenöl und Butter in einer Pfanne anbraten.
5. Rosmarinzweig dazugeben; Fisch mit einem Löffel immer wieder mit dem Sud übergießen.
6. Schwammerln mit dem Fisch servieren.

ca. 30 Minuten
ca. 8 Euro

Zutaten für 2 Personen

1 Zucchini
200 g Rispentomaten
Olivenöl zum Beträufeln und Anrösten
Salz
Pfeffer
1 Bund frischer Thymian
2 tiefgefrorene Schollenfilets
3 unbehandelte Zitronen
1 rote Zwiebel
1 Tasse Reis
1 Handvoll Rucola

Papillotescholle mit Zitronenreis

Zubereitung

1. Zucchini in dünne Scheiben schneiden und die Tomaten halbieren.
2. Reichlich Alufolie oder Pergamentpapier auslegen, mit Olivenöl beträufeln und mit dem Gemüse belegen.
3. Salzen, pfeffern und den Thymian im Ganzen dazugeben.
4. Tiefgefrorenen Fisch auf das Gemüse legen und mit 1 in Stücke geschnittenen Zitrone belegen.
5. Gut mit Alufolie einpacken und bei 190 °C 15 Minuten im Ofen backen.
6. Für die Beilage Zwiebel schneiden und gemeinsam mit kleinen Zitronenstücken in etwas Olivenöl anrösten.
7. Reis dazugeben und kurz anschwitzen lassen.
8. Mit der doppelten Menge Wasser ablöschen und einkochen lassen.
9. Fertigen Zitronenreis mit Rucola und Zitronenscheiben anrichten und den Fisch mit reichlich Gemüse dazugeben.

ca. 20 Minuten
ca. 8 Euro

Zutaten für 2 Personen

20 g Ceylon-Schwarztee
2 g Chilifäden
Olivenöl zum Bestreichen und Abschmecken
200 g Kabeljaufilet
3 Tomaten
4 Radicchioblätter
Salz
Pfeffer
1 TL Weißweinessig

In Tee gedämpfter Kabeljau auf Radicchio-Salat

Zubereitung

1. Tee in einen Wok mit etwas kochendem Wasser geben, Chili dazugeben.
2. Einen Bast-Korb in den Wok geben und mit etwas Olivenöl bestreichen.
3. Fisch in den Korb legen und ca. 10 Minuten dämpfen.
4. Tomaten in Scheiben schneiden und auf einem Teller anrichten.
5. Radicchio fein hacken und mit den Tomaten anrichten.
6. Salat mit Salz, Pfeffer, Olivenöl und Weißweinessig abschmecken.
7. Fertigen Fisch darüber anrichten und mit Chilifäden garnieren.

Tipp

Bast-Körbe zum Dämpfen sind im Asia-Laden erhältlich.

ca. 20 Minuten
ca. 9 Euro

Zutaten für 2 Personen

2 Lachsfilets
Olivenöl zum Anbraten
4 Muskatblüten
3 Kartoffeln
2 Feldgurken
⅛ l Obers (Sahne)
1/16 l Weißweinessig
Salz
Pfeffer
1 Zitrone
1 EL Estragon

Lachs mit „einbrennte Hund“

Zubereitung

1. Lachsfilets auf der Hautseite in einer Pfanne mit Olivenöl und Muskatblüten anbraten.
2. Im vorgeheizten Ofen bei 95 °C 8 Minuten garen.
3. Kartoffeln schälen und in kleine Würfel schneiden.
4. In einer Pfanne mit Olivenöl anschwitzen und die klein geschnittenen Gurken dazugeben.
5. Etwas Wasser zugießen und verdampfen lassen.
6. Mit Obers ablöschen und mit Essig aufgießen.
7. Mit Salz, Pfeffer, Zitronenzesten und Estragon würzen.
8. Gemüse auf einem Teller anrichten, Fisch darauflegen. Mit Muskatblüte und Estragon servieren.

ca. 35 Minuten
ca. 13 Euro

Zutaten für 2 Personen

2 Branzinos
Olivenöl zum Beträufeln und Anbraten
Salz
Pfeffer
4 kleine Artischocken
½ Lauch
4 Salbeiblätter
⅛ l Weißwein
1 EL Butter
2 Tomaten
½ Zitrone

Branzino mit Artischocken-Tomaten-Gemüse

Zubereitung

1. Fische filetieren, eine Backform mit Olivenöl beträufeln, salzen und die Filets hineinlegen.
2. Fisch mit Salz und Pfeffer würzen und mit Olivenöl verfeinern. Im Ofen bei 120 °C für 10 Minuten garen.
3. Artischocken putzen, achteln und in Olivenöl knusprig anbraten.
4. Lauch in Streifen schneiden und zu den Artischocken geben. Salbeiblätter ebenfalls halbieren und zu den Artischocken geben.
5. Mit Weißwein ablöschen und ca. 1 Minute einkochen lassen.
6. Salzen, pfeffern und mit Butter verfeinern.
7. Tomaten achteln, in den Topf zu den Artischocken geben und gleich von der Flamme nehmen.
8. Fertigen Fisch aus dem Ofen nehmen. Gemüse auf einem Teller anrichten und den Fisch darauf platzieren.
9. Mit etwas Zitronensaft und Olivenöl beträufeln.

ca. 35 Minuten
ca. 8 Euro

Zutaten für 2 Personen

6 weiße Spargelstangen
Salz
½ Zitrone
1 Stück Zitronengras
6 Garnelen
Olivenöl zum Braten
Pfeffer
4 Kartoffeln
1 EL Tomatenmark
⅛ l Weißwein
1 EL Butter
frische Kresse zum Garnieren

Garnelen in Tomaten-Kartoffel-Butter

Zubereitung

1. Spargel schälen und ca. 6 Minuten in kochendem Salzwasser garen.
2. Zitronensaft und das fein gehackte Zitronengras dazugeben.
3. Garnelen in einer Pfanne mit etwas Olivenöl ca. 2 Minuten braten. Mit Salz und Pfeffer würzen.
4. Garnelen aus der Pfanne nehmen und ruhen lassen.
5. Kartoffeln in feine Scheiben schneiden und in der Garnelenpfanne anrösten.
6. Tomatenmark dazugeben, mit Weißwein ablöschen. Butter dazugeben und mindestens 2 Minuten einkochen lassen.
7. Garnelen kurz dazugeben, einmal aufkochen lassen.
8. Spargel auf Tellern anrichten, Garnelen mit reichlich Tomatenbutter darüber verteilen und mit Kresse garnieren.

ca. 30 Minuten
ca. 8 Euro

Zutaten für 2 Personen

1 Tasse Risottoreis
2 Frühlingszwiebeln
Olivenöl zum Braten und Beträufeln
⅛ l Weißwein
½ l Gemüsefond
Pfeffer
Salz
1 Pkg Tintenfisch-Tinte
200 g Sepien
50 g Blattspinat

Schwarzes Risotto mit Sepia-Spinat-Salat

Zubereitung

1. Für das Risotto den Reis in einem weiten Topf ohne Öl anrösten und in der Zwischenzeit den weißen Teil einer Frühlingszwiebel klein schneiden.
2. Zwiebelstücke mit etwas Olivenöl in den Topf geben und alles gut durchrösten.
3. Mit Weißwein ablöschen und mit etwas Gemüsefond aufgießen.
4. Pfeffern, salzen und die Tintenfisch-Tinte unterrühren.
5. Risotto auf kleiner Flamme köcheln lassen. Immer wieder gut durchrühren und mit etwas Fond aufgießen.
6. Währenddessen Sepien putzen und anschließend in heißem Olivenöl anbraten.
7. Mit Salz und Pfeffer würzen; restliche Frühlingszwiebel klein schneiden und in die Pfanne geben.
8. Zuletzt den gewaschenen Spinat unterheben.
9. Zum Anrichten das fertige Risotto auf einem Teller verteilen und den lauwarmen Sepia-Spinat-Salat darüber verteilen.
10. Mit Olivenöl beträufeln und gleich genießen.

ca. 20 Minuten
ca. 14 Euro

Zutaten für 2 Personen

1 Tasse Reismix
½ Kochsalat
2 küchenfertige Saiblinge
1 Zitrone
½ EL Senfkörner
2 EL Dill
2 EL Basilikum
2 EL Thymian
Öl zum Braten
Salz
Pfeffer

Kräuter-Saibling mit gedämpftem Salat

Zubereitung

1. Reis mit der doppelten Menge Wasser aufstellen.
2. Mit einem Bast-Dämpfkorb abdecken und den geputzten, halbierten Salat einlegen.
3. Fisch mit Zitronenscheiben und Senfkörnern füllen und mit den Kräutern beidseitig langsam braten.
4. Mit Salz und Pfeffer würzen.
5. Fisch mit Salat und Reis servieren.

ca. 40 Minuten
ca. 10 Euro

Gedünsteter Heilbutt in Mangold auf Ingwer-Süßkartoffel-Püree

Zutaten für 2 Personen

1 Süßkartoffel
30 g Ingwer
1 Mangold
Olivenöl zum Anbraten und Garnieren
240 g Heilbuttfilet
Salz
Pfeffer
Zitronenthymian
1 Zwiebel
⅛ l Weißwein

Zubereitung

1. Süßkartoffel schälen, in Würfel schneiden und in Wasser weich kochen.
2. Ingwer ebenfalls schälen, klein hacken und zu den Kartoffelstücken geben.
3. Während die Kartoffeln kochen, Mangold putzen. Weiße Mangoldstiele in dünne Streifen schneiden und in heißem Olivenöl anbraten.
4. Mangoldblätter auf einem Brett auslegen, Heilbuttfilet darauf legen und gut mit dem Mangold einschlagen.
5. Mit Salz, Pfeffer und etwas Zitronenthymian würzen und auf die Mangoldstiele in die Pfanne legen. Zwiebel schälen, grob schneiden und ebenfalls dazugeben.
6. Mit Weißwein ablöschen und in der Pfanne 8 Minuten bei 190 °C im vorgeheizten Ofen garen.
7. Süßkartoffeln vom Herd nehmen und ⅔ des Wassers abgießen.
8. Süßkartoffeln mit einem Pürierstab zu einem cremigen Püree aufschlagen und mit etwas Salz abschmecken.
9. Etwas Püree auf jeden Teller geben, Fisch im Mangoldmantel darauf setzen und etwas Gemüse rundherum verteilen.
10. Mit Zitronenthymian und Olivenöl garnieren und genießen.

ca. 40 Minuten
ca. 9 Euro

Zutaten für 2 Personen
200 g küchenfertiger Oktopus
Olivenöl zum Anbraten
Salz
Pfeffer
½ Zitrone
1 rote Zwiebel
⅛ l Rotwein
1 EL Butter
1 Radicchio
frische Petersilie zum Garnieren

Oktopus mit Radicchio in Rotwein

Zubereitung

1. Oktopus in etwas Olivenöl scharf anbraten.
2. Mit Salz und Pfeffer würzen und mit etwas Zitronensaft verfeinern.
3. Aus der Pfanne nehmen und auf einem Teller ruhen lassen.
4. Zwiebel schälen, grob schneiden und in der Fischpfanne scharf anrösten.
5. Salzen, pfeffern und gut durchrösten.
6. Mit Rotwein ablöschen und einkochen lassen.
7. Mit Butter verfeinern, geputzte Radicchioblätter und Oktopus dazugeben.
8. Einmal aufkochen lassen.
9. Anrichten, mit frischer Petersilie garnieren.

ca. 40 Minuten
ca. 9 Euro

Zutaten für 2 Personen

4 mittelgroße mehlige Kartoffeln
Salz
400 g Kalbsfaschiertes (Hackfleisch)
Pfeffer
1 Ei
4 Grissini
½ Bund frischer Salbei
Olivenöl zum Braten
⅛ l Milch
1 EL Butter
150 g Parmesan
3 Tomaten

Italienisches Butterschnitzel mit Kartoffel-Parmesan-Püree

Zubereitung

1. Kartoffeln schälen und in kleine Stücke schneiden.
2. In Salzwasser ca. 10 Minuten kochen.
3. Faschiertes mit Salz und Pfeffer würzen, Ei dazugeben.
4. Grissini und Großteil des Salbeis fein hacken. Zum Faschierten geben und alles gut verrühren.
5. Faschiertes zu Laibchen formen und in Olivenöl pro Seite ca. 4 Minuten braten.
6. Für einen frischen Geschmack ein paar Salbeiblätter im Ganzen dazugeben.
7. Fertige Kartoffeln abseihen und in einem Topf mit Milch und Butter zu Püree verarbeiten.
8. Parmesan reiben, Großteil zum Püree geben und Rest über den Laibchen verteilen.
9. Tomaten in kleine Stückchen schneiden, zu den fast fertigen Laibchen geben und ca. 1 Minute mitbraten.
10. Butterschnitzel mit Püree und Tomaten anrichten, mit Salbei dekorieren.

ca. 35 Minuten
ca. 10 Euro

Zutaten für 2 Personen

2 Kalbskoteletts
Öl zum Braten
1 Zwiebel
1 Aubergine
2 Knoblauchzehen
1 Zucchini
2 Tomaten
Rosmarin zum Dekorieren
1 EL Blauschimmelkäse

Kalbskotelett in geschmortem Gemüse

Zubereitung

1. Koteletts in einer Pfanne in Öl auf jeder Seite 3 Minuten anbraten.
2. Zwiebel fein schneiden, Aubergine in Würfel schneiden und beides in der Pfanne mit dem Fleisch anbraten.
3. Knoblauch mit einer Knoblauchpresse hineinpressen.
4. Zucchini in Scheiben schneiden und dazugeben.
5. Tomaten in Würfel schneiden und auch dazugeben.
6. Pfanne mit einem Deckel bedecken, alles zusammen 20 Minuten schmoren lassen.
7. Anrichten und mit Rosmarin und Blauschimmelkäse garnieren.

ca. 25 Minuten
ca. 11 Euro

Zutaten für 2 Personen

ca. 100 g Kürbis
Öl zum Braten
1 Stangensellerie
Salz
Pfeffer
2 Lammkeulensteaks
50 g Maisgrieß

Lammkeulensteaks mit Kürbis-Sellerie-Gemüse und Sterz

Zubereitung

1. Kürbis in Würfel schneiden und ca. 5–8 Minuten leicht in Öl anbraten.
2. Stangensellerie schneiden und zum Kürbis geben.
3. Mit Salz und Pfeffer würzen.
4. Steaks auf einer Seite 3 Minuten anbraten, salzen und pfeffern.
5. Steaks umdrehen und bei 220 °C 8 Minuten im Ofen braten.
6. Grieß anrösten, mit Wasser ablöschen und so lange rühren, bis er cremig ist.
7. Sterz auf Tellern anrichten, Gemüse und Steaks darauf verteilen.

ca. 25 Minuten
ca. 12 Euro

Zutaten für 2 Personen

1 Frühlingszwiebel
Olivenöl zum Anbraten und Mörsern
1 Tasse Reis
300 g Schweinskoteletts
50 g Erbsenschoten
2 Chicorée
¼ l Weißwein
1 g Safran
Salz
1 EL Rosa Pfeffer

Schweinskoteletts mit Safranreis

Zubereitung

1. Frühlingszwiebel klein schneiden und in einer Pfanne mit Olivenöl anbraten.
2. Reis hinzufügen und mit Wasser ablöschen, köcheln lassen.
3. Koteletts in einer Pfanne mit Olivenöl anbraten, wenden.
4. Erbsenschoten und Chicorée putzen, klein schneiden und zum Fleisch geben. Mit Weißwein ablöschen.
5. Safran mit Salz, etwas Olivenöl und Rosa Pfeffer mörsern.
6. Paste unter den Reis mischen.
7. Reis mit Gemüse und Fleisch servieren.

ca. 25 Minuten
ca. 11 Euro

Zutaten für 2 Personen

300 g Lammkoteletts
Salz
Pfeffer
Olivenöl zum Braten
1 Rosmarinzweig
1 Kohlrabi
50 g Heurige (Frühkartoffeln)
50 g Frühstücksspeck
1 Frühlingszwiebel
50 g Brunnenkresse

Lammkoteletts mit Kohlrabi und Heurigen

Zubereitung

1. Koteletts mit Salz und Pfeffer würzen und mit Olivenöl und Rosmarin im vorgeheizten Ofen bei 220 °C 10 Minuten braten.
2. In der Zwischenzeit Kohlrabi und Kartoffeln schälen, in Scheiben schneiden und in einer Pfanne mit Olivenöl anbraten.
3. Mit Wasser ablöschen. Speck in Scheiben schneiden, Frühlingszwiebel schneiden und beides mitbraten.
4. Brunnenkresse unterheben und mit Salz und Pfeffer würzen.
5. Lamm aus dem Ofen holen, kurz ruhen lassen und mit dem Gröstl servieren.

ca. 25 Minuten
ca. 8 Euro

Zutaten für 2 Personen

300 g Schweinemedaillons
Salz
Pfeffer
Olivenöl zum Anbraten
1 rote Zwiebel
¼ l Rotwein
2 EL geriebene Walnüsse
½ Pkg Kartoffelteigpulver
1 Ei
1 EL Mohn
1 EL Butter
2 EL Kresse

Schweinemedaillons in Nusskruste mit Mohn-Kartoffel-Nudeln

Zubereitung

1. Medaillons mit Salz und Pfeffer würzen und in einer Pfanne mit Olivenöl anbraten. Wenden.
2. Klein geschnittene Zwiebel dazugeben und mit Rotwein ablöschen.
3. Medaillons mit Nüssen bestreuen und im Ofen bei 190 °C 12 Minuten braten.
4. In der Zwischenzeit Kartoffelteig laut Packungsangabe mit Ei vermixen.
5. Aus dem fertigen Teig kleine Schupfnudeln formen und in Öl anbraten.
6. Mit Mohn, Salz und Pfeffer bestreuen und in etwas Butter schwenken.
7. Medaillons mit Mohnnudeln und Sauce anrichten. Mit Kresse dekorieren.

ca. 25 Minuten
ca. 11 Euro

Zutaten für 2 Personen

100 g Parmesan
50 g Joghurt
50 g Crème fraîche
Salz
Pfeffer
400 g Steak (Hüftsteak)
Olivenöl zum Anbraten
2 Spitzpaprika
¼ l Rotwein
1 EL Thymian

Rinderfilet mit Rotweinsauce, Paprika und geeistem Parmesan

Zubereitung

1. Parmesan fein hacken, Crème fraîche und Joghurt untermischen.
2. Mit Salz und Pfeffer würzen und im Tiefkühlfach 1 Stunde einfrieren. Immer wieder umrühren.
3. Fleisch in einer Pfanne mit Olivenöl anbraten und mit Salz und Pfeffer würzen.
4. Nach 3 Minuten wenden und wieder 3 Minuten braten. In Alufolie warm halten.
5. Spitzpaprika grob schneiden und im Bratrückstand anschwitzen, mit Rotwein ablöschen.
6. Einkochen lassen, Fleisch mit Paprika und Sauce anrichten.
7. Mit Thymian und Parmesan-Schaum dekorieren.

ca. 25 Minuten
ca. 14 Euro

Zutaten für 2 Personen

5 Kartoffeln
Salz
Olivenöl zum Anrösten
300 g Beiried (Roastbeef, Rumpfstück)
Pfeffer
¼ l Rotwein
50 g Steinpilze
50 g Eierschwammerl (Pfifferlinge)
1 Lauch
Majoran nach Geschmack

Geschmortes Beiried in Rotwein mit Eierschwammerl-Kartoffeln

Zubereitung

1. Kartoffeln schälen, vierteln und in Salzwasser knackig kochen.
2. Wasser abgießen und Kartoffeln in Olivenöl anrösten.
3. Während die Kartoffeln rösten, Beiried einschneiden, salzen und pfeffern und in Olivenöl beidseitig scharf anbraten.
4. Aus der Pfanne geben und mit Rotwein ablöschen. Wieder in die Pfanne geben und im Wein langsam schmoren lassen.
5. In der Zwischenzeit Kartoffeln mit einer Gabel andrücken und die geputzten und gewaschenen Pilze dazugeben.
6. Lauch klein schneiden und mitrösten.
7. Mit Salz, Pfeffer und Majoran würzen und mit dem Beiried servieren.

ca. 25 Minuten
ca. 8 Euro

Zutaten für 2 Personen

200 g Rotkraut (Rotkohl)
Olivenöl zum Braten
2 Rehschnitzel (insgesamt ca. 300 g)
Salz
Pfeffer
¼ l Rotwein
100 g eingelegte Sauerkirschen
100 g Lauch
2 EL getrocknete Steinpilze
2 cl Kirschwasser

Rehschnitzel mit Sauerkirschen, Kirschwasser und Rotkraut

Zubereitung

1. Rotkraut klein schneiden und in einer Pfanne mit Olivenöl anbraten.
2. In der Zwischenzeit die Schnitzel in einer anderen Pfanne mit Olivenöl anbraten, mit Salz und Pfeffer würzen.
3. Kraut und Fleisch mit je einer Hälfte des Rotweins ablöschen.
4. Sauerkirschen zum Fleisch geben.
5. Lauch klein schneiden.
6. Getrocknete Steinpilze und Lauch zum Kraut geben.
7. Salzen und pfeffern.
8. Schnitzel mit Kirschwasser verfeinern und mit Kraut auf Tellern anrichten.

ca. 40 Minuten
ca. 12 Euro

Zutaten für 2 Personen

280 g Hirschrücken
Salz
Pfeffer
Olivenöl zum Anbraten
2 EL getrocknete Steinpilze
4 Scheiben Speck
1 rote Zwiebel
4 Wacholderbeeren
50 g getrocknete Moosbeeren
¼ l Rotwein
2 Feigen

Rosa Hirschrücken in Steinpilzkruste

Zubereitung

1. Fleisch mit Salz und Pfeffer würzen, Olivenöl in einer Pfanne erhitzen und das Fleisch darin beidseitig scharf anbraten.
2. Steinpilze fein hacken und das angeröstete Fleisch darin wälzen.
3. Speckscheiben auslegen, Fleisch darin einrollen. Im Ofen bei 220 °C ca. 10 Minuten braten.
4. Für die Beilage Zwiebel schneiden, in der Fleischpfanne anrösten, Wacholder- und Moosbeeren dazugeben.
5. Mit Salz und Pfeffer würzen und mit Rotwein ablöschen. Köcheln lassen.
6. Fertiges Fleisch aus dem Ofen nehmen und in dünne Scheiben schneiden. Kurz ruhen lassen.
7. Feigen vierteln und kurz in der Pfanne erhitzen.
8. Reichlich Moosbeer-Feigen-Sauce auf die Teller geben und das Fleisch darauf anrichten.

VEGETARISCH

ca. 15 Minuten
ca. 5 Euro

Zutaten für 2 Personen

200 g Penne
Salz
1 Petersilienwurzel
Olivenöl zum Anbraten
1 Stange Lauch
20 g getrocknete Steinpilze
⅛ l Weißwein
¼ l Obers (Sahne)
½ Apfel
einige Stängel frische Petersilie
1 Handvoll Rucola
Pfeffer
½ Limette
50 g Räucherlachs

Penne mit Steinpilz-Petersilien-Sauce

Zubereitung

1. Penne in Salzwasser al dente kochen.
2. Währenddessen Petersilienwurzel schälen, in grobe Stücke schneiden und in Olivenöl scharf anbraten.
3. Geputzten Lauch fein hacken und in die heiße Pfanne zur Petersilienwurzel geben.
4. Steinpilze ebenfalls dazugeben, kurz anrösten und mit Weißwein ablöschen.
5. Obers dazugeben und Apfel hineinreiben. Auf kleiner Flamme köcheln lassen.
6. Fertige Nudeln abseihen, zur Sauce in die Pfanne geben und gut durchschwenken.
7. Frische Petersilie und Rucola dazu zupfen, mit Salz, Pfeffer und Limettensaft würzen.
8. Auf Tellern anrichten, Räucherlachsscheiben darüber verteilen, mit Rucola dekorieren und mit einer Limettenscheibe garnieren.

ca. 35 Minuten
ca. 4 Euro

Zutaten für 2 Personen

1 rote Zwiebel
Olivenöl zum Anbraten
100 g Bambussprossen
1 Handvoll Sojasprossen
Salz
Pfeffer
2 EL Sojasauce
frischer Koriander
⅛ l Kokosmilch
100 g asiatische Weizennudeln
1 Friséesalat
1 EL Wasabinüsse

Asiatischer Nudelsalat

Zubereitung

1. Zwiebel fein hacken und in Olivenöl scharf anrösten.
2. Bambussprossen grob schneiden und in die Pfanne zur Zwiebel geben.
3. Sojasprossen im Ganzen dazugeben, mit Salz und Pfeffer würzen und mit der Sojasauce verfeinern.
4. Korianderstiele fein hacken und dazugeben.
5. Mit Kokosmilch ablöschen. Asiatische Weizennudeln in kochendem Salzwasser in ca. 3 Minuten weich kochen.
6. Nudeln abseihen, zum Gemüse in die Pfanne geben und gut durchschwenken.
7. Friséesalat auf einem Teller anrichten, Nudelsalat darüber verteilen, mit frischen Korianderblättern und Chilifäden dekorieren und mit Wasabinüssen verfeinern.

ca. 15 Minuten
ca. 5 Euro

Zutaten für 2 Personen

100 g Pasta
Salz
1 Zucchini
Olivenöl zum Anbraten
1 Rosmarinzweig
8 Cocktailtomaten
Pfeffer
⅛ l Joghurt
50 g Mozzarella
8 schwarze Oliven
frisches Basilikum zum Garnieren
frischer Rosmarin zum Garnieren

Pastasalat

Zubereitung

1. Pasta in Salzwasser weich kochen.
2. Zucchini fein schneiden und in Olivenöl anbraten, mit Rosmarin würzen.
3. Geschnittene Tomaten dazugeben, mit Salz und Pfeffer würzen.
4. Unter die Pasta mischen.
5. Mit Joghurt, Mozzarella und Oliven vermischen, mit Kräutern garnieren.

ca. 20 Minuten
ca. 3 Euro

Zutaten für 2 Personen

2 Zucchini (grün und gelb)
Salz
2 Frühlingszwiebeln
Olivenöl zum Braten
150 g Cocktailtomaten
Pfeffer
frisches Basilikum zum Würzen und Garnieren
1 Büffelmozzarella
Balsamico zum Garnieren

Zucchini-Spaghetti

Zubereitung

1. Geputzte Zucchini in dünne Streifen schneiden und in Salzwasser blanchieren.
2. Wasser abseihen und Zucchini kalt abschrecken.
3. Frühlingszwiebeln fein schneiden und in Olivenöl scharf anrösten.
4. Cocktailtomaten vierteln und gemeinsam mit den Frühlingszwiebeln anrösten. Salzen, pfeffern und mit frischem Basilikum verfeinern.
5. Angebratene Zucchini dazugeben, gemeinsam rösten und anrichten.
6. Büffelmozzarella in kleine Stücke reißen und über dem Gericht verteilen.
7. Mit Balsamico und Basilikum garnieren.

ca. 30 Minuten
ca. 3 Euro

Zutaten für 2 Personen

Olivenöl zum Braten
1 EL Walnüsse
1 Bund frischer Löwenzahn
1 Tasse Risottoreis
⅛ l Weißwein
½ l Fond
1 Avocado
1 EL fein geschnittener Parmesan
1 EL Butter

Risotto mit Löwenzahn und Nüssen

Zubereitung

1. Olivenöl in einem weiten Topf erhitzen, Walnüsse darin anbraten.
2. Löwenzahn waschen. Stängel fein hacken und gemeinsam mit dem Risottoreis zu den Nüssen geben.
3. Mit Weißwein und etwas Fond ablöschen.
4. 15 Minuten auf kleiner Flamme köcheln lassen, dabei immer wieder mit Fond aufgießen und gut durchrühren.
5. Währenddessen Avocado schälen. Einige Avocado-Spalten für die Garnitur aufheben, Rest in kleine Stücke schneiden.
6. Einige Löwenzahnblätter für die Garnitur aufheben. Rest grob zerteilen und mit den Avocadostücken zum Reis geben.
7. Parmesan und Butter hinzufügen. Risotto umrühren, bis eine cremige Masse entsteht.
8. Zum Anrichten mit Löwenzahnblättern und Avocado garnieren.

VEGETARISCH

ca. 30 Minuten
ca. 6 Euro

Zutaten für 2 Personen

60 g Risottoreis
3 Frühlingszwiebeln
Olivenöl zum Verfeinern und Anrösten
ca. ⅛ l Weißwein
200 g Kürbis
Salz
Pfeffer
1 Bund Rucola
Kürbiskernöl zum Marinieren und Garnieren
100 g geriebener Parmesan
1 EL Butter
1 Handvoll frischer Majoran

Kürbisrisotto mit Frühlingszwiebelsalat

Zubereitung

1. Risottoreis in einem erhitzten Topf anrösten.
2. 1 Frühlingszwiebel fein hacken und dazugeben. Mit einem Schuss Olivenöl verfeinern und mit etwas Weißwein ablöschen.
3. ½ l Wasser dazugeben und auf kleiner Flamme köcheln lassen. Immer wieder umrühren und wenn nötig etwas Wasser nachgießen.
4. Kürbis schälen, würfelig schneiden und in einer Pfanne in etwas Olivenöl anrösten. Salzen und pfeffern und mit ca. ¼ l Wasser ablöschen.
5. Kurz köcheln lassen, dann zum Reis geben. Ständig umrühren und köcheln lassen, bis der Reis weich ist.
6. Restliche Frühlingszwiebeln in Streifen schneiden und in eine Schüssel geben. Rucola hinzufügen, salzen und pfeffern. Mit Kürbiskernöl und 1 Schuss Weißwein marinieren und gut verrühren.
7. Geriebenen Parmesan und Butter zum Risotto geben. Mit Majoran verfeinern, gut umrühren und ca. 2 Minuten ruhen lassen.
8. Reichlich Risotto auf einem Teller anrichten, Salat darüber verteilen und mit etwas Kürbiskernöl garnieren.

VEGETARISCH

ca. 20 Minuten

ca. 9 Euro

Zutaten für 2 Personen

¼ Kohlkopf (Wirsing)
1 Schuss Olivenöl
8 Okraschoten
1 rote Paprika
3 Champignons
20 g Ingwer
2 Tomaten
¼ Gurke
50 g Sojasprossen
50 g Rucola
20 g Brunnenkresse

Schnelle Gemüse-Kohl-Pfanne

Zubereitung

1. Kohl in Streifen schneiden und in einer heißen Pfanne leicht anrösten. Mit Olivenöl übergießen.
2. Okraschoten in grobe Stücke schneiden und gemeinsam mit dem Kohl anrösten.
3. Paprika ebenfalls grob schneiden und anrösten.
4. Champignons schneiden und in der heißen Pfanne mitrösten.
5. Ingwer mit Schale fein hacken und zum Gemüse geben.
6. Tomaten und Gurke in Streifen schneiden und kurz in der Pfanne erwärmen.
7. Sojasprossen dazugeben und alles gut durchschwenken.
8. Mit Rucola und Kresse garniert servieren.

VEGETARISCH

ca. 15 Minuten

ca. 4 Euro

Zutaten für 2 Personen

1 Glas Gemüsefond
1 Glas Couscous
1 Zucchini
100 g Auberginen
Olivenöl zum Braten
Salz
Pfeffer
2 Tomaten
4 Basilikumblätter
1 Handvoll Rucola

Mediterrane Couscous-Bällchen

Zubereitung

1. Gemüsefond aufkochen. Couscous einrühren, umrühren und zugedeckt 5 Minuten ziehen lassen.
2. Zucchini und Auberginen in kleine Würfel schneiden.
3. In einer Pfanne mit Olivenöl anbraten, mit Salz und Pfeffer würzen.
4. Tomaten in Würfel schneiden und mit dem geschnittenen Basilikum unter den Couscous mischen.
5. Aus der Masse Bällchen formen.
6. Auf dem Rucola anrichten.

ca. 30 Minuten/
2 Stunden
ca. 7 Euro

Zutaten für 8 Personen

200 g weiße Schokolade
500 g Obers (Sahne)
3 Blatt Gelatine
2 Eier
2 cl Rum
2 EL Mohn
1 Glas Sauerkirschen
1 Zimtstange
1 Lorbeerblatt
1 Vanilleschote
1 EL Maizena
frische Minze zum Dekorieren

Mohnmousse mit Sauerkirschen

Zubereitung

1. Schokolade in kleine Stückchen schneiden und über Wasserdampf schmelzen lassen.
2. Währenddessen Obers nicht ganz fest aufschlagen.
3. Gelatine in kaltem Wasser einweichen.
4. Flüssige Schokolade vom Wasserdampf nehmen. 1 Ei und 1 Eidotter dazugeben. Gut verrühren.
5. Rum in einem Topf erwärmen; Gelatine leicht ausdrücken und im Rum auflösen.
6. Rum-Gelatine zum Schokolade-Ei-Gemisch geben, dabei ständig umrühren.
7. Mischung unter das Obers unterheben, anschließend gleich den Mohn dazugeben.
8. Umrühren und in Gläser gießen. Verstreichen und mindestens 20 Minuten im Kühlschrank kühlen.
9. Sauerkirschen vom Saft trennen. Saft in einem Topf erwärmen, halbierte Zimtstange und gebrochenes Lorbeerblatt dazugeben.
10. Vanilleschote der Länge nach halbieren, auskratzen und alles zusammen zur Kirschensauce geben.
11. Einmal aufkochen lassen. Maizena mit etwas kaltem Wasser verrühren und zur Sauce geben.
12. Gut verrühren; dann die Kirschen dazugeben.
13. Aus dem Mohnmousse Nockerln formen und auf einen Teller setzen. Kirschen und reichlich Sauce darübergeben und mit frischer Minze dekorieren.

Tipp

Alternativ Mousse in Portionsgläsern servieren, Kirschen darauf anrichten, mit Minze dekorieren und die Sauce separat dazu reichen.

ca. 20 Minuten/
2 Stunden
ca. 7 Euro

Zutaten für 6 Personen

250 g Schokolade (70 % Kakaobutteranteil)
1 Ei
500 g Obers (Sahne)
Schokoladenspäne zum Garnieren
Erdbeeren zum Garnieren

Schokoladenmousse

Zubereitung

1. Schokolade klein schneiden oder brechen.
2. In einer Schüssel über Wasserdampf schmelzen.
3. Ei so rasch wie möglich mit einem Schneebesen unter die noch heiße Schokolade rühren.
4. Obers nicht ganz fest aufschlagen.
5. Unter die Schokomasse heben und mindestens 2 Stunden im Kühlschrank kühlen.
6. Mit Schokoladenspänen und Erdbeeren garniert servieren.

Tipp

Dieses Rezept ist für 6 Personen berechnet, weil es für kleinere Mengen nicht so gut funktioniert.

ca. 10 Minuten
ca. 5 Euro

Zutaten für 2 Personen

½ Mango
½ Granatapfel
50 g Blätterteig
50 g Chilischokolade
¼ l rosa Prosecco

Mango-Granatapfel-Salat mit Schokostangerln

Zubereitung

1. Mango schälen und in kleine Würfel schneiden.
2. Granatapfel auslösen, unter die Mango mischen.
3. Blätterteig in 3 cm breite Streifen schneiden und zu Stangerln eindrehen.
4. Auf ein Backblech mit Backpapier legen und mit der gehackten Schokolade bestreuen.
5. Im vorgeheizten Ofen bei 220 °C 5 Minuten backen.
6. Mango-Granatapfel-Salat in Gläsern anrichten, mit Prosecco auffüllen und mit den Stangerln servieren.

ca. 20 Minuten
ca. 8 Euro

Zutaten

250 g Schokolade
250 g Butter
5 Eier
50 g gehobelte Mandeln
15 Biskotten (Löffelbiskuits)
1 TL Zimt
2 EL grob gehackte Pistazien
Staubzucker (Puderzucker) zum Garnieren
100 g Himbeeren

Schokokuchen

Zubereitung

1. Klein geschnittene Schokolade mit Butter schmelzen.
2. Wenn die Masse nicht mehr sehr heiß ist, Eier untermengen.
3. Großteil der Mandeln und grob gehackte Biskotten untermengen, mit Zimt und Pistazien würzen.
4. In eine Tortenform mit Backpapier geben, mit restlichen Mandeln bestreuen und im Ofen bei 220 °C ca. 12 Minuten backen.
5. Erkalten lassen.
6. In Tortenstücke schneiden und mit Staubzucker und Himbeeren dekorieren.

ca. 15 Minuten
ca. 4 Euro

Zutaten für 2 Personen

1 Ei
3 EL geriebene Mandeln
2 EL Mehl
2 EL Honig
100 g Schokolade
2 Bananen
Butter zum Anbraten
1 Zitrone
Chilifäden zum Dekorieren
frische Minze zum Dekorieren

Gebratene Schokobananen

Zubereitung

1. Ei mit Mandeln, Mehl und Honig vermengen.
2. Schokolade klein hacken und untermischen.
3. Bananen schälen und im Teig wälzen.
4. In einer Pfanne mit geschmolzener Butter anbraten.
5. Mit Zitronenscheiben, Chilifäden und Minze anrichten.

ca. 20 Minuten
ca. 6 Euro

Zutaten

1 Pkg Dinkel-Blätterteig
8 Karamell-Bonbons
50 g dunkle Schokolade
1 EL Erdnussbutter
etwas frischer Thymian
100 g gemischte Beeren
3 EL Honig

Bunte Blätterteigschnitte mit Beeren

Zubereitung

1. Blätterteig ausbreiten.
2. Karamell-Bonbons zerkleinern und auf dem Blätterteig verteilen.
3. Schokolade fein hacken und ebenfalls auf dem Blätterteig verteilen.
4. Erdnussbutter darüber verteilen.
5. Beeren darüber streuen.
6. Thymian darüber zupfen.
7. Mit Honig süßen und im Ofen bei 220 °C ca. 15 Minuten backen.

ca. 35 Minuten
ca. 4 Euro

Zutaten

150 g kernlose Weintrauben
2 EL Pinienkerne
½ unbehandelte Orange
1 Pkg Haselnussschnitten
2 EL Butter
1 Ei
1 Pkg Strudelteig
frische Minze zum Garnieren
Staubzucker (Puderzucker) zum Garnieren

Weintraubenstrudel

Zubereitung

1. Weintrauben von der Rebe trennen, einige halbieren und alle mit den Pinienkernen in eine Schüssel geben.
2. Schale der Orange abtrennen, fein hacken und mit dem frisch ausgepressten Orangensaft unter die Weintrauben mischen.
3. Haselnussschnitten fein schneiden und mit den restlichen Zutaten gut verrühren.
4. Butter in einem Topf zum Schmelzen bringen, abkühlen lassen und mit dem Ei gut verquirlen.
5. Strudelteig auf einem mit Backpapier ausgelegten Backblech ausbreiten und mit dem Ei-Butter-Gemisch bestreichen.
6. Weintrauben-Schnitten-Masse auf dem Strudelteig verteilen.
7. Teig zu einem Strudel rollen und bei 180 °C 8 Minuten backen.
8. Fertigen Strudel mit frischer Minze und Staubzucker garnieren.

ca. 12 Minuten
ca. 3 Euro

Zutaten für 2 Personen

1 Mango
3 Sesamkekse
4 Frühlingsrollenteigblätter
neutrales Öl zum Braten
⅛ l Milch
50 g Schokolade
Himbeeren zum Garnieren

Mango-Frühlingsrolle mit Schokosauce

Zubereitung

1. Mango schälen und in längliche, große Stücke schneiden.
2. Kekse fein hacken.
3. Frühlingsrollenteigblätter auflegen, mit Mangostücken belegen.
4. Keks darauf streuen und einrollen.
5. In einer Pfanne in Öl rundherum knusprig braten.
6. In der Zwischenzeit Milch aufkochen und die gehackte Schokolade einrühren.
7. Sauce auf Teller verteilen, Rollen darauf legen und mit Himbeeren dekorieren.

ca. 20 Minuten
ca. 2 Euro

Zutaten für 2 Personen

1 Handvoll Kirschen
¼ l Milch
1 Glas süßer Prosecco
1 EL Butter
1 Tasse Grieß
70 g 80%-ige Schokolade

Prosecco-Grießkoch

Zubereitung

1. Kirschen bis auf 2 Stück entstielen und entkernen.
2. Milch in einem Topf erhitzen, mit Prosecco aufgießen und Butter dazugeben.
3. Grieß einrühren, am besten mit einem Schneebesen.
4. Topf vom Herd nehmen, Kirschen bis auf die beiden ganzen hinzufügen und gut durchrühren.
5. Großteil der Schokolade in grobe Stücke brechen und einrühren, bis sie anfängt zu schmelzen.
6. Mit einem Messer restliche Schokolade darüber schaben, mit den ganzen Kirschen garnieren.

Tipp

Die Schokolade sollte für Schritt 6 eisgekühlt sein, dann kann man sie besser schaben.

ca. 25 Minuten
ca. 6 Euro

Linzer-Augen-Schmarrn

Zutaten für 2 Personen

2 Eier
2 EL Zucker
4 Linzer Augen (Spitzbuben)
⅛ l Milch
evtl. 2 EL Mehl
1 EL Butter
10 Himbeeren
frische Minze zum Garnieren

Zubereitung

1. Eier trennen, Eiweiß mit Zucker zu festem Schnee schlagen.
2. Linzer Augen klein hacken.
3. Eigelbe mit Milch und klein gehackten Linzer Augen vermischen, evtl. Mehl dazugeben.
4. Eischnee unterheben.
5. Butter in einer ofenfesten Form zerlassen.
6. Masse in die Form geben.
7. Im vorgeheizten Ofen bei 160 °C 15 Minuten backen.
8. Zerteilen und mit Himbeeren und Minze servieren.

ca. 10 Minuten
ca. 5 Euro

Zutaten für 2 Personen

100 g Schokokekse
¼ l Obers (Sahne)
100 g gemischte Beeren (tiefgekühlt)
½ Zitrone
2 Kugeln Vanilleeis
frische Minze zum Garnieren

Beeren-Keks-Crumble

Zubereitung

1. Kekse klein schneiden.
2. Obers aufschlagen.
3. Beeren in einem Topf leicht erwärmen. Mit Zitronensaft würzen.
4. Schichtweise Kekse, Obers, Vanilleeis und Beeren in einem Glas anrichten.
5. Mit frischer Minze garnieren.

OLIVER HOFFINGER, geb. 1970, trat nach Beendigung seiner Lehrzeit in die erste Küchenmannschaft von Do & Co im Haashaus, Wien, ein. Anschließend erkochte er im Restaurant Vincent drei Hauben als jüngster Sous-Chef Europas. Nach Stationen u. a. bei Vongerichten in New York eröffnete er sein eigenes Restaurant *Kochwerkstatt* und erhielt auf Anhieb wieder zwei Hauben. Nach einem Zwischenspiel im Wiener Gaumenspiel kocht er nun jeden Samstag in seiner eigenen Sendung „Koch mit! Oliver" auf Puls4. Zuletzt erschienen mehrere exquisite Kochbücher, darunter „Kochen für Schnellos" im CBV.

HARALD EISENBERGER, geb. 1971 in Graz, veröffentlichte zahlreiche Wohn-, Lifestyle- und Architekturpublikationen sowie Kochbücher, darunter „Afrika! Afrika! – Das Kochbuch", „Zu Gast bei André Heller" und „Senta Berger – Rezepte meines Lebens". Er lebt und arbeitet mit seiner Familie in Wien und in der Steiermark.

Die bei den Rezepten angegebenen Kosten beziehen sich auf die jeweils verwendeten Mengen und sind als Anhaltspunkte zu verstehen. Die realen Kosten können je nach Einkaufsort und Preisentwicklung schwanken. Die angegebenen Zeiten gelten für die Zubereitung und sind ebenfalls ungefähre Angaben. Je nach persönlichem Tempo sind Vorbereitungsarbeiten zusätzlich einzukalkulieren.

Bibliografische Information der Deutschen Nationalbibliothek
Die Deutsche Nationalbibliothek verzeichnet diese Publikation in der Deutschen Nationalbibliografie; detaillierte bibliografische Daten sind im Internet über http://dnb.d-nb.de abrufbar.

1. Auflage

Fotografie: Harald Eisenberger
Lektorat: Else Rieger
Grafische Gestaltung: Peter Manfredini
Gedruckt in der EU

ISBN 978-3-85033-608-6

Christian Brandstätter Verlag
GmbH & Co KG
A-1080 Wien, Wickenburggasse 26
Telefon (+43-1) 512 15 43-0
Telefax (+43-1) 512 15 43-231
E-Mail: info@cbv.at
www.cbv.at